Não gosto de escrever

Luísa Antunes Paolinelli

Não gosto de escrever

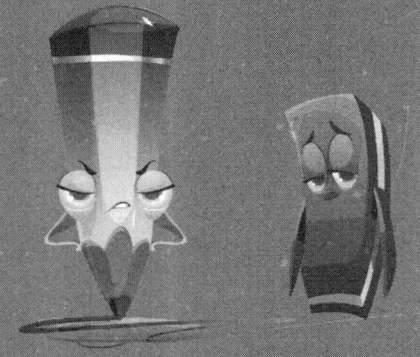

Copyright © Luísa Antunes Paolinelli, 2024
Copyright © Tapioquinha, 2024
Todos os direitos reservados.

PUBLISHER: José Carlos de Souza Júnior
OPERAÇÕES: Andréa Modanez
COORDENAÇÃO: Renata Mello do Vale
REVISÃO: Lays Sabonaro
PROJETO GRÁFICO E DIAGRAMAÇÃO: Dimitry Uziel
CAPA: Dimitry Uziel
ILUSTRAÇÃO DE CAPA: Freepik

Dados Internacionais de Catalogação na Publicação (CIP)
Angélica Ilacqua CBR - 8/7057

Paolinelli, Luísa Antunes
    Não gosto de escrever / Luisa Antunes Paolinelli ; –
1. ed. – São Paulo:
Tapioquinha, 2024.
80 p.

ISBN: 978-85-68843-20-8

1. Literatura infantojuvenil 2. Escrita - Literatura
infantojuvenil I. Título

24-4467   CDD 028.5

Índices para catálogo sistemático:
1. Literatura infantojuvenil

2024
Todos os direitos desta edição reservados à
Pioneira Editorial Ltda.
Estrada do Capuava, 1325 - Jardim São Vicente, Cotia, 06713-630
contatoeditorial@pioneiraeditorial.com.br

quando me mandarem escrever na escola

QUEM JÁ CONHECE a Luísa Paolinelli (e quem a está conhecendo agora também!) embarca nesta leitura e vai, página a página, ouvindo a alegria de uma menina e a perspicácia de uma professora de português — não daquelas que a gente torce para que o guarda-chuva seja *levado pelo vento* e caia *em cima dela!* A Luísa é uma professora que gosta muito de ensinar, que adora inventar histórias e de fazer rir as palavras. Luísa é também uma menina, que alimenta essa inventividade toda. É com esse tom de leveza, divertido, e repleto de conhecimento, que o NÃO GOSTO DE ESCREVER... se desenrola, nos ensina e nos encanta.

NÃO GOSTO DE ESCREVER... traz a experiência da menina *que sentia aquele desespero grande quando a professora dizia [...] que era chegada a hora do texto*, que não gostava *de escrever nada, versos, sem ser versos, versinhos...* e *que não queria fazer composições, nem poemas, e ia fugir para ser blogger de viagens* — muitas vezes igual a mim, igual a você... Quem nunca viveu *as palavras fugindo* (às vezes, *como se tivessem skates nos pés*)? Ou *não se lembrava de nada, nadinha, nadinha para dizer?* A realidade de estar diante da folha em branco — com aquela sensação muitas vezes angustiada de *Quando me mandarem escrever na escola* — é tratada por Luísa Paolinelli de forma sensível e segura, de tal modo que vai conduzindo o leitor na história, que é a própria escrita de quem vai se descobrindo "gostando" de escrever, se deixando seguir pela liberdade criativa e pela imaginação que se desdobra: afinal, como ensinam as musas, *as palavras estavam dentro dela.*

A narrativa se constrói de forma envolvente e bem-humorada, com os espantos e os desabafos da menina que conhece os

"senhores" gêneros literários: o senhor-dos-
-poemas Épicos (ou hípicos?), o Senhor
Lírico e o Senhor Dramático. Depois, a
"senhora" Narrativa e os tipos principais:
conto, novela, romance, fábula. Essas per-
sonagens-conceitos (ou conceitos trans-
formados em divertidas personagens) são
apresentadas de forma detalhada, prática
e muito didática, sem, contudo, deixar de
lado a delicadeza lúdica, que é marca da
escrita de Luísa Paolinelli.

O texto flui numa linguagem que, ao
manter a variedade do português tal
como é utilizada em Portugal (e vemos
que as diferenças não são tantas!), des-
taca o caráter pluricêntrico da língua

portuguesa (uma língua com muitos centros, sem que nenhum deles seja mais importante que o outro). Esse aspecto linguístico é mais um elemento a valorizar nesta edição brasileira: a língua portuguesa é o português que vai se adjetivando, com os sabores de cada país onde é língua oficial: português europeu (ou o português de Portugal – porque dizer português português fica bem esquisito, como talvez dissesse a nossa protagonista), o português brasileiro, o português angolano, o português moçambicano e assim por diante. Assim, além de viajar nos desafios da escritura com a nossa protagonista, você perceberá como é fantástico podermos andar pela pluridiversidade de usos do português.

Essas pequenas variações que o leitor vai encontrando tornam mais rica a experiência nesse mundo da diversidade da nossa língua, que você vai, certamente, gostar de conhecer: *metro* (metrô); *húmidas* (úmidas); *rapariga* (jovem); *manicómio* (manicômio); *e isso é giro?* (e isso é legal?); *anda cá!* (vem aqui!); *apetecia-lhe ir embora* (tinha vontade de ir embora); *num sítio qualquer* (num lugar qualquer); *apanhar aquele tronco* (pegar aquele tronco); *meter no bolso* (colocar no bolso); *capaz de ter a sua piada* (capaz de ter graça) e assim por diante... Diferenças que, sabemos, também acontecem quando viajamos nas palavras e nas construções dentro do nosso Brasil: por exemplo, para o mesmo alimento dizemos: mandioca em São Paulo; aipim, no Rio de Janeiro e macaxeira na Paraíba. Todas essas formas distintas de usar o português, que podemos trazer para juntinho de nós, nos fazem mais ricos. Para essa aventura no plano do vocabulário, ao fim do livro, o leitor encontra um pequeno Glossário, cuidadosamente colocado nesta edição, ilustrando e esclarecendo peculiaridades de uso da nossa língua de lá (Portugal) para cá (Brasil).

Bem... chega de *blá-blá-blá*: agora é sua vez de acompanhar a nossa menina-heroína.

Tenho certeza de que você, assim como a "menina", assim como eu, vai terminar o percurso com uma mesma solução: *agarrar num papel e numa caneta e escrever... Até escrever sobre o Lírico, com as Musas, mais o Hípico, todos numa história...* porque, agora já sabemos, *as palavras estão chegando a saltitar!*

Uma ótima (e *gira*) leitura!

REGINA BRITO
São Paulo, inverno de 2024

ERA UMA VEZ... Mentira. Eram muitas as vezes em que sentia aquele desespero grande, quando a professora dizia, muito alegre e saltitante, com uma felicidade que só ela própria conhecia, que era chegada a hora do texto. Ora, *se a menina gostava* de ouvir ler e contar histórias, *gostava menos, mas mesmo muito menos,* de escrever.

Todos os temas que a professora propunha

deixavam o seu cérebro completamente vazio... como um balde de água sem água.

Nunca se lembrava de nada interessante para contar sobre as férias de verão, não conseguia pensar sobre quem poderia ser a melhor amiga e *as palavras fugiam-lhe* como se tivessem um skate nos pés, se tinha de dar opinião sobre qualquer coisa, descrever a primavera, a neve ou a chuva, o Natal, a Páscoa... *Aliás, ninguém estava interessado em saber o que ela pensava sobre estas coisas todas, pois não? E, então, para quê escrever?*

Se lhe pediam para terminar uma história, que um escritor já tinha começado e acabado — mas à qual os senhores que escreviam os livros da escola tinham cortado o final de propósito para torturar os alunos com "imagina como pode continuar este texto" —, sentia o chão transformar-se em ar. E aí ia ela a cair... toda inteira num sítio qualquer onde não havia nem sequer um ramo de uma árvore para se agarrar, nem sequer um coelho histérico para seguir, como no livro da Alice. *Os seus olhos viam tudo escuro e as mãos ficavam pesadas.*

O embaraço

DEVE TER SIDO no dia em que entregou a *folha em branco* que a professora e a mãe começaram a conspirar para lhe tirar o sossego. Então, não se lembrava de nada, nadinha, nadinha para dizer sobre o mar? Que mais desafiante do que "O Mar" como tema de composição? A menina não ia à praia, não mergulhava nas ondas, não via aquela faixa azul da janela do quarto, se esticasse muito o pescoço para ver por cima das casas que tapavam a paisagem?

Ao seu olhar perdido, respondiam os olhares desesperados das duas adultas... Um desespero que a deixou alerta para qualquer manobra ilícita. Estas duas não vão desistir, pensou. Vão, de certeza, preparar alguma.

A fuga

OI POR ISSO QUE — quando lhe apresentaram, na sala de estar, em presença da professora, muito formalmente (com grandes cumprimentos e a mãe a fazer-se ainda mais simpática e querida do que o normal), a **Senhora-dos-Livros** e o seu amigo, o **Senhor-das-Letras-Perdidas-e-Jamais-Achadas** — resolveu aproveitar uma ida à cozinha para sair porta-fora e nunca mais voltar para casa.

Estava decidida! *Escrever não era com ela*. Ia conhecer o mundo, viver aventuras, escapar de feras, ser rainha de um palácio qualquer, ou então *top model*, ou *influencer*, também servia, eram profissões de futuro.

Até lá, podia mesmo passar fome e sede, mas iria escapar à armadilha das conversas que já estava a prever, encomendadas com certeza pela mãe e pela professora aos dois estranhos emproados: como era interessante ler, *blá-blá*, nada melhor do que escrever para sentir melhor as coisas, *blá-blá*, escrever é comunicar, *buu-buuu!*. A história dela não tinha sermões. Nem *blá-blás. Era feita sem canetas na mão*. Era *blim-blim*.

O senhor dos poemas Épicos

JÁ A CAMINHAR como *top model*, ou melhor, a caminhar muito depressa como uma *top model* perseguida pelos fotógrafos, depois de bater com o portãozinho do jardim, pisou feliz a liberdade.

— Agora venham cá chatear com **prisões de papel** e temas de composições. Escrevam eles sobre o mar e mais os peixinhos e tubarões todos!

Mas, quando estava a sentir o cheirinho da fuga no ar, sem saber bem de onde nem porquê, apareceu à sua frente, com grande pompa e olhar fixo no longe do horizonte, **um homem alto, alto, com uma barba toda branca** e a espalhar-se pelo peito e pelos ombros em caracóis largos, como a daquele **rei dos deuses** de que não se lembrava o nome, mas andava sempre enfiado nos desenhos animados e filmes. *A pequenita tremeu,* porque ver assim uma criatura tão imponente e a brilhar de cintilar próprio à sua frente, logo à saída de casa, não era todos os dias.

— Sou o **Senhor-dos-Poemas Épicos** e procuro a Casa da Macieira.

É aqui?

Se pequenina e magrinha era, ficou ainda mais magrinha e mais pequenina. Até a podia meter no bolso o **Senhor dos Poemas qualquer-coisa, Hípicos** ou do tipo. Fez que sim com a cabeça.

– *És tu a Heroína de quem canto a glória?*

— Bem, aqui, que eu saiba, não há Heroína nenhuma, nem Glória, nem nada que se pareça. Nesta casa, vivo eu e a minha mãe, que se chama Gabriela, por causa de uma telenovela que a minha avó gostava de ver.

— Estranho. **A Musa falou-me desta menina que estava destinada** a escrever grandiloquentes poemas que fazem os vivos orgulhosos, exaltando os que já foram grandes no passado ao narrar os seus feitos!

— Isso não deve ser aqui. *Eu não gosto de escrever nada, versos, sem ser versos, versinhos, e etc.s...* — disse, desconfiada daquele palavreado que não entendia. — Mas, se quiser entrar, já lá estão dois que devem ser seus amigos.

— E tu, onde vais?

— Vou-me embora. *Pensei em ir ver o mundo, ir por aí.*

O **Hípico** cresceu, os ombros alargaram-se e sorriu feliz. Com uma voz profunda que fez tremer as folhas, mais as flores, as pedras, e o portão, exclamou:

— **Musas!! Musas! Musas!** — gritou três vezes e três vezes rodou, imensamente gigante — Venham cá, que temos *nova navegadora* que vai da ocidental praia lusitana cruzar mares, e, esforçada, enfrentar perigos e guerras... — A menina não o deixou acabar, que aquilo já ia longe demais, e levantou o braço, com a mão espalmada no ar, como que a querer parar aquele rio de palavras.

— Espere lá, e com todo o respeito, *eu vou ser top model ou influencer*, ainda tenho de decidir. Não quero saber de perigos, guerras e mares, muito menos de esforços, que é uma coisa de que a minha mãe está sempre a falar com um ar cansado e pouco saudável.

— Não te podes ir embora, porque eu quero cantar os grandes heróis e as maiores façanhas, venham musas!, *que quero deixar para a memória as histórias dos homens que se aproximam aos deuses.*

Apetecia-lhe ir embora, mas achou que aquela coisa de ele estar sempre a querer cantar era divertido. E havia a voz, como se estivesse a vir lá do fundo da barriga, sonora e troante, que, ao contrário de a assustar, deixava-a com vontade de subir para o muro e *desatar a gritar alto pelas musas, mesmo sem saber quem eram.* E foi assim que fez:

— Ó **Musas** deste senhor!! **Musas!** Este senhor velhinho — ou idoso — não!, desculpe-me! Este senhor sénior anda à vossa procura! Que falta de respeito não aparecerem.

Como não vinha ninguém, aproveitou para perguntar:

— Mas, afinal, *o senhor é poeta ou é cantor?* De repente, fiquei um bocadinho confusa.

— *Cantar é escrever poesia,* daquela que descreve os feitos dignos de nota, como os de Aquiles, o guerreiro, de Ulisses, o navegador, de Eneias ou dos exploradores portugueses. — Parecia quase indignado o poeta dos Hípicos. — Nunca ouviste falar de poesia épica?

Nem de hípica, nem de épica. Nem nunca tinha ouvido falar daqueles homens todos.

— Pois os poemas épicos contam-te tudo sobre o que eles fizeram. Eram pessoas como nós, mas tinham qualquer coisa de extraordinário que os destacava, que os fazia diferentes.

— Que os fazia incríveis?

— Exato! — O poeta-cantor estava satisfeito.

— Como todas as atrizes e *top model* do mundo. E como eu, que não quero escrever, vou fugir de casa e ser qualquer coisa na vida, o que aparecer.

— És uma aventureira, pequena heroína.

Lá vinha ele com a Heroína e a Glória…

quatro
Musas

Nesse momento, chegaram quatro senhoras muito bonitas, com vestidos e cores de cabelo diferentes. Estas **Musas** devem ser um grupo musical, pensou a menina, só pode, ou irmãs das fadinhas dos desenhos animados. Uma tinha um narizinho arrebitado e parecia ser a mais divertida; outra, caminhava aos saltinhos e tinha um ar muito independente; havia uma com a cabeça nas nuvens, literalmente, porque duas ou três pequenas, pequeninas, nuvenzinhas giravam como barcos à volta da sua cabeça; a última tinha umas mãos grandes, de dedos compridos e palmas largas, por isso devia ser a que tomava conta das outras três.

– *Vocês têm um canal YouTube? Estão no TikTok?* Nunca vi nada vosso. Cantam ou dançam, tipo... cenas assim? *Já sei.* Têm um canal de roupa e maquilhagem.

Mas, sem saber porquê, com os seus olhos fixos nos delas, que eram vermelhos, azuis, amarelos, negros carvão, e depois, de repente, mudavam de cor, coitadinhas, deviam sofrer de uma doença qualquer da visão, *apeteceu-lhe cantar uma canção.* Uma canção nova, feita por ela. Até via as palavras umas atrás das outras, com música, guitarras elétricas à mistura, e aplausos. Mas a canção que sentia dentro de si era estranha. Nascia sem ela a ter mandado nascer e falava de querer muito e de fazer mais ainda, dizia que era preciso deixar livre o coração e a coragem, sonhar mesmo que o sonho fosse maluco. Ora, *como nunca tinha pensado estas coisas,* ficou assustada e até podia jurar que a estavam a hipnotizar. Por isso, abanou com a cabeça com toda a força para afastar o feitiço.

As quatro senhoras riram risinhos de **hi-hi-hi** e abraçaram-na, o que foi esquisito. Uma delas disse que **as pala-vras** estavam dentro dela e só tinham sido elas a **soprá-las do fundo do seu coração** para a sua cabeça e algumas do alto da cabeça para o coração. Afinal, concluiu a nossa futura-qualquer--coisa-tipo-*top-model*, não eram parte de um grupo musical, mas umas senhoras fugidas de um manicómio, ou, pelo menos, com sérios problemas. Além do da visão, claro. Pobrezinhas.

O melhor era desandar dali e *ir atrás da história de ser estrela de televisão ou apresentadora*, dava uma coisa ou outra.

primeira
Revelação

O CERTO É QUE, pela primeira vez na sua curta vida, *as palavras tinham chegado a saltitar*, para fazer versos, estrofes e um poema inteiro, e tinham tomado conta dela, como quando uma pessoa fica com gripe ou sarampo. Tinha bastado achar que podia ser, de facto, a tal Heroína ou Glória de que eles falavam e que devia ser uma rapariga muito dotada. Não sabia é porque é que nunca tinha ouvido falar dela na televisão....

senhor Lírico, o "mais alto igual a todos os homens"

Enfim! O caminho abria-se convidativo. Refletiu que podia ter trazido qualquer coisa comestível para a viagem, para poder enfrentar bem alimentada os perigos e os esforços, mais as terras novas do Senhor Poeta Hípico. Estava a pensar como poderia entrar na cozinha sem passar pela sala cheia de visitas, quando um *rapaz bem parecido saiu de trás de uma árvore.*

As **musas** vieram a correr e atiraram-
-lhe montes de beijinhos tintilantes.

— O senhor não lhes ligue, que elas não
são muito boas da cabeça. — sossegou-o.

O rapaz não parecia nada incomo-
dado.Na terra dele, também devia haver
musas. Puxou-a por um braço e apontou
para um *passarinho*. Era um daqueles gordi-
nhos que vinham a voar quando a mãe
deitava migalhas no jardim. Piava muito
alto e veio ter com ele a mãe, maiorzinha
e mais magrinha, e deu-lhe no biquinho a
comidinha. Trinaram os dois, numa dança
de alegria. Depois, chamou a sua atenção
para uma *florzinha* que estava a abrir, para
uma *pedrinha*, para uma *gotinha*, e a menina

pensou que ele gostava de diminutivos e que via o mundo como uma criança.

O rapaz olhou para ela e observou-lhe a face.

— SABIAS QUE HÁ UM POETA QUE DIZ QUE A POESIA ESTÁ NO ROSTO DOS OUTROS?

— *Então, anda para aí espalhada, não é?* Tipo epidemia. Temos de usar máscara, porque isso ajuda.

— E quem a reúne é o CRIADOR, aquele que pega nas diferentes poesias das pessoas e faz uma poesia nova, na qual estão todos.

— Parece-me bem pensado. E o senhor quem é?

— Sou o SENHOR LÍRICO, conhecido por "Mais Alto e Igual a Todos os Homens".

A menina não pôde deixar de sorrir:

— E é assim que o chamam lá em casa? **Ó "Mais Alto", anda cá!**

O **LÍRICO** ficou sério e disse que durante muitos anos, a família o tinha considerado o melhor de todos, mas depois tinha percebido que havia outras formas bonitas de entender as pessoas e as coisas, como fazia o primo **Senhor do Romance,** um tipo muito palavroso e cheio de peripécias. Ele, **LÍRICO,** tinha outra forma de pensar os sentimentos e de se preocupar com a **DECIFRAÇÃO DO MUNDO.** No fundo, eram formas diferentes, mas com o mesmo objetivo.

— Como assim? Com os sentimentos?

— Por exemplo, olha para mim com força e pensa no que estás a sentir e no que eu estou a sentir.

A menina mergulhou no rosto do LÍRICO e logo viu que tinha uma pele fantástica. O Manuel, que é o vizinho da casa ao lado e devia ter a idade do LÍRICO, tinha muitas borbulhas. Depois, concentrou-se para lá da pele lisinha e viu alegria e dor, entusiasmo e preocupação, pipocas e peixe cozido, gelado e milho e percebeu que ele estava apaixonado. O Manuel também tinha andado assim meio na lua uma data de tempo, sem saber se sim se não, com um ar apalermado, quando conheceu a Sara.

— E agora?

— Agora, **usa as palavras para explicares o sentimento que descobriste,** junta-as todas, com rima, sem rima, mas com ritmo, como uma *música*.

— Género: *O amor endoidece alegremente ou é doidamente alegre?* — Piscou o olho para lhe explicar que com ela escusava de disfarçar, tinha percebido que estava com Manelite aguda, nome que lá em casa puseram às paixões mais profundas, como à do Manuel pela Sara. O "Mais Alto" ficou todo vermelho.

— Sim! E cria uma imagem, **como se o poema fosse uma pintura cheia de música.** Um poeta muito conhecido, chamado Ezra Pound, fez uma poesia sobre uma estação do metro.

– *Nããão!...* Pode fazer-se um poema sobre uma coisa assim tão normal? *Parece-me esquisito.*

— Ouve. Ao olhar para as faces das pessoas na estação, lembrou-se de *pétalas húmidas* num fundo escuro.

— Pois. Isso parece-me o metro e aquelas carinhas todas juntas, que não conseguimos distinguir, quando está muito cheio.

— **Tu também podes fazer uma imagem a partir de um sentimento ou de uma coisa que estás a ver.**

— Tipo: O amor é um passarinho gordinho? Ou uma florzinha que fala com uma pedra? Uma bicicleta que atravessa as nuvens?

— **Meu Senhor da Poesia!!** Tu és mesmo boa nisto! Mas, espera lá, como é que sabias que estou apaixonado?...

— Vi no teu rosto. Mesmo nunca tendo estado apaixonada, percebi que tu estavas, porque vi com força, como disseste. Além disso, tenho uma enorme experiência acumulada dos vídeos no Reels, no Instagram, TikTok, etc.

— Vais ser poeta, disse-lhe o **LÍRICO**. Mas ela explicou-lhe, *muito amuada*, que não queria fazer composições, nem poemas, e ia fugir para ser blogger de viagens. O **LÍRICO** ficou com rosto de quem não acreditava e à menina lembrou-lhe uma onda que se formava e começava a levar com ela uma coroa de espuma. **Só não sabia se o sentimento era dele ou dela...**

segunda
Revelação

QUE GENTE ESTRANHA visitava a mãe, pensou a menina. Gente muito, muito, absolutamente muito esquisita. Só podiam ser amigos da professora, que também era para o esquisitoide.

O pior é que lhe *estava a apetecer escrever sobre estes encontros* que não passam pela cabeça de ninguém, num diário qualquer, daí que se tenha assustado e ficado parada no meio do caminho. Até se lembrou que podia escrever sobre o LÍRICO, com as **Musas**, mais o **Hípico,** *todos numa história.* O LÍRICO apaixonava-se por uma das **Musas**. O **Hípico** ficava ciumento e fazia um feitiço. A **Musa** transformava-se numa rã e o LÍRICO tinha de a beijar para a transformar de novo numa cantora, mas, quando conseguia convencer o dragão que a guardava num lago a ir para outras paragens, a rã ex-Musa tinha-se casado com um sapo e tinham montes de rãpinhos (uma fusão de rãs com sapinhos). Bem feita, para não ser tão lento a salvar a rapariga! *Fartou-se de rir com a própria história.* Era uma *aspirante a escritora* de telenovelas, ou filmes até!, muito imaginativa.

senhor dramático "estou-no-palco-e-daqui-não-saio"

FAZIA-SE TARDE e tinha de seguir viagem *rumo ao desconhecido.* Continuava cheia de fome, mas não podia correr o risco de voltar a casa.

Sem saber como, escorregou e ficou sentada na beira da estrada. *Uma gargalhada muito grande assustou-a.* Levantou os olhos e viu três senhores que entravam na categoria do weird e que só podiam ser amigos dos desmiolados que tinha conhe-cido ainda há pouco.

O que ria tinha uma cara redonda como uma lua cheia, olhos divertidos, umas sobrancelhas fartas e uma barriga que se movia ao som das gargalhadas. Um, que estava mais atrás, era pálido, com olhei-ras e trazia na mão um crânio (coisa do último Halloween, sem dúvida, observou para dentro a menina). O outro vestia um grande manto e trazia umas máscaras na mão. Foi este que falou:

— Olá! Sou o **Senhor Dramático "Estou-no-palco-e-daqui-não-saio"**. Estes são dois dos meus irmãos, o **Senhor da Comédia "É-só-rir"** e o **Senhor da Tragédia "Chorar-**

ou-chorar-mais". Este é o caminho para a Casa da Macieira?

— Sim. — A menina estava pasmada.

— És tu a menina que **não gosta de escrever?**

A tua mãe anda preocupada contigo e a tua professora mandou-nos cá.

— Eu já percebi. Por isso, ando fugida de casa.

Ando à procura de trabalho como participante de reality shows. — Como não se mostraram impressionados com a sua ideia de futuro, acrescentou: — Ou outra coisa assim famosa... Ou atriz.

À palavra "atriz" os três pareciam relâmpagos fora do céu, desgovernados e trovoentos. Correram de cá para lá e de lá para cá, arrumaram-se na cena.

(e vão-se alternando na frente
do palco, dirigindo-se à menina)

Senhor do Teatro

O teatro é feito de palavras, sons, gestos, luzes, respirações, corpos em movimento. Acontece e é mágico.

Senhor da Tragédia

Eu falo do destino, que brinca com os homens.

Senhor da Comédia

Eu rio dos homens.

Senhor da Tragédia

Eu lido com os sentimentos que pensamos que são grandes, mas que, face ao que não conhecemos, são pequenos.

Senhor da Comédia

Eu trato dos sentimentos que pensamos que são pequenos, mas que são enormes.

Senhor da Tragédia

Eu choro e rio e choro.

Senhor da Comédia

Eu rio e rio mais, mas, às vezes, também posso chorar por dentro.

Senhor do Teatro

Os dois fazem os espetadores refletir e compreender melhor as pessoas que nos rodeiam e a nós próprios.

(personagens fazem vénia e saem)

Os três irmãos esconderam-se atrás de uma árvore e puseram as cabeças de fora para ver a reação da menina. *Esta tinha uma expressão divertida, mas séria.*

— Quer dizer que, no teatro, há sempre personagens que falam? *E se não tiverem nada para dizer?*

— Digamos que há sempre uma forma de comunicar em palco. O dramaturgo faz o texto.

Trabalha com o papel. Depois, o teatro é uma outra coisa, porque se faz com os corpos, as vozes, as luzes, e tudo o mais. O dramaturgo escreve sozinho, o teatro necessita de atores. – E o **Senhor Teatro** fez um gesto que abrangia a terra inteira.

A menina ficou a pensar. Depois, abriu a boca como se fosse para falar, calou-se... e tentou outra vez dar palavras ao que a deixava perplexa.

— Há outra coisa que não percebi. **O que é o destino?**

O **Senhor Tragédia** pegou no crânio que trazia consigo, virou-o, revirou-o e explicou:

— É o que não podemos controlar, mas para o qual contribuímos de alguma forma.

Exemplo: sais de casa com um vestido novo, mas, no entretanto, cai uma chuva grande, grande e ficas toda molhada.

De quem é a culpa? Da chuva, que estava no teu destino. E também tua, que podias ter pensado que ia chover e tinhas trazido um guarda-chuva.

O *Senhor Comédia* riu, riu, riu. Engasgou-se a rir.

— Desculpem. Estou a imaginar o guarda-chuva a ser levado pelo vento e a cair em cima da professora de português.

— E isso é giro?

— É. Porque, se voasse, tornava-se uma coisa para o SENHOR LÍRICO. Quando tudo fica do avesso é que eu fico feliz. Mas a rir dizem-se verdades! Não te esqueças. Às vezes, são verdades que temos de dizer a rir, porque senão podemos ficar com a dor toda dentro de nós.

terceira
Revelação

A MENINA ACHOU tudo interessante e viu-se a escrever textos de teatro, a contar às pessoas histórias tristes e histórias para rir, para divertir e fazer pensar. Sabia que era difícil, porque tinha de imaginar as personagens a falar, a movimentar-se, *mas nada era impossível.*

— Temos muitos parentes, sabes? *As Senhoras Farsa e Sátira, o Senhor Drama, e mais.* Quando nos juntamos, é uma festa.

Altamente! Ainda por cima, era uma família numerosa e ela, que era filha única, teria muita companhia.

Neste momento, *estava quase a desistir de fugir de casa*. Poderia sempre optar por ser top model mais tarde na vida!

Um pedaço de madeira e a senhora narrativa

A IDEIA DO REGRESSO FOI, no entanto, adiada, porque do céu caiu um pedaço de madeira.

Quis pegar nele, mas o tronco, que era de um tronco que se tratava, começou a saltar e a dançar, deu uma volta, pôs-se atrás dela e deu-lhe um pontapé. A menina quis apanhar aquele tronco mal educado, mas ao tronco cresceram uns ramos, como braços, que lhe puxaram os cabelos.

Só me faltava mais esta! Mas quem é que pensas que és? Já te apanho e vais para a fogueira, ou, então, faço de ti uma mesa. E nisto ia correndo atrás do tronco... ou ia o tronco atrás dela, *não se percebia nada.*

De repente, o pedaço de madeira parou. *Uma senhora* toda vestida de azul, tinha chegado de mansinho.

— Que indisciplinado! Assim, nunca vais ser como o teu irmão, um bonequinho de madeira e, depois de muita travessura, uma criança de verdade.

Isto era demais para a menina. De todas as maluqueiras, esta era a maior. A maluqueiríssima. Sua excelência, a Sra. Dona Maluqueira-Mor. Vou-me embora e agora é que não me apanham mais em casa!

— Sabes, menina, é irmão do pedaço de madeira de que foi feito o Pinóquio.

Era melhor dizer que sim, porque, com os adultos, é mais saudável obedecer e concordar.

— Só que ainda não passou a fase de tronco palerma. — O tronco atirou-se ao chão e rodou triste. Mas só ficou parado uns segundos, levantou-se logo e foi pular para o meio do caminho e depois para o rego de água que passava ao lado. Ficou todo molhado. Agora, se o pusesse na fogueira, ia ser difícil de arder.

— Sou a Senhora Narrativa "Era uma vez", mãe de muitos e bons meninos: o mais pequeno é o Conto, depois vêm **a Novela e o Romance.** Ainda tenho a **Fábula,** por exemplo, e mais uns quantos que me enchem os dias de histórias.

— Na escola, falamos muito da **fábula,** do **conto** e assim.

— A tua escola conhece os meus rapazes? Que escola tão querida e simpática.

— Não direi... — A menina fez um ar de chateada.

Lembrou-se de todas as vezes que a tinham mandado escrever um conto e como tinha espremido os neurónios a ver se saía qualquer coisa e nadinha. E a professora a dizer que tinha de usar a imaginação e ela a dizer que não a tinha trazido de casa e que, se a professora quisesse, que lhe marcasse falta de material.

A *Senhora Narrativa* parecia que conseguia ler os pensamentos (devia ser da prática de lidar com os filhos), porque lhe disse:

— *Não precisas de inventar coisas para escrever.* Basta olhar a realidade e contar o que as pessoas fazem e dizem. Há sempre muitas histórias na vida das pessoas. *Se juntares todas as histórias de muita gente, até tens um romance.*

— Ninguém quer saber das vidas das pessoas comuns e, na minha família, nunca acontece nada de extraordinário.

Isso pensava ela, observou paciente a *Senhora Narrativa*. Todas as vidas têm qualquer coisa de fantástico, até as que parecem mais monótonas. Além disso, podia começar sempre por uma situação normal, para depois passar para qualquer coisa de diferente.

— Olha a história do Pinóquio. Começa por "era uma vez...", como todas as histórias, e depois o autor diz "um pedaço de madeira" e, pronto, criou-se algo interessante. Os meninos ficam de boca aberta e os adultos-que-ficaram-crianças também.

— Então, se eu escrever "A minha mãe foi às compras e trouxe para casa couves e alfaces", também dá? — A menina estava a ser trocista...

— E depois?

— Depois, o quê?

— Quem comeu as couves, como as fez?

— Eu comi as couves. Cozidas.

— E depois?

— Depois, o quê?

— O que fizeste a seguir?

— Ajudei a mãe e fui ver televisão.

— E depois?

— Depois, nada.

— Foste para a cama logo a seguir?

— Sim.

— De facto, tens uma vida monótona.

A *Senhora Narrativa* estava desiludida, daí que a menina tenha decidido embelezar a história.

— Mas, já estava na cama, quando me lembrei de ir dar um abraço à mãe e dizer-lhe que as suas couves cozidas são as melhores couves do mundo.

— E a tua mãe?

— A mãe disse que não havia nenhuma mãe no mundo que não apreciasse um gesto tão carinhoso como o meu. E ficámos agarradas, muito juntinhas. Até parecia que fazíamos um só coração.

– Que história tão linda! – A menina achou que até o tronco sorria.

Depois, continuou a *Senhora Narrativa*, podes até colocar algo fantástico. Uma fada que vinha escondida na couve, por exemplo. Isso já pareceu um bocado exagerado à menina. Fadas e couves? Não lhe parecia. Demasiada realidade virtual.

quarta
Revelação

PRONTO. JÁ PERCEBI. *O melhor era ir para casa* e dizer a todos que já não havia necessidade nenhuma de estarem a atravancar a sala.

Escusam de vir mais senhoras e senhores e etc.

— Compreendi que escrever pode não ser assim tão difícil e até é capaz de ter a sua piada. Não sei se vou deixar de ter as mesmas dificuldades, quando me mandarem escrever na escola, mas posso tentar, com menos medo, desta vez.

Ia andar atrás das palavras, caçá-las debaixo das mesas e dos sofás, atrás dos quadros, agarrá-las quando escorressem fresquinhas pela água do riacho, apanhá-las com o sol da manhã, escorregar com elas, enrolar-se nelas, e criar com elas outras mil e uma palavras.

— Além disso, *vou olhar para tudo como se fosse a primeira vez*, pensar em música e imagens para poder ver, como o tal do Ezra, pétalas na cara das pessoas, e rir com tudo e chorar com tudo e fazer poemas com trombetas como o **Hípico**. Assim, quando a professora me mandar descrever o mar, vou dizer que o mar vai mudando de cor, ao longo do dia, e como todos os dias acorda de forma diferente. Há dias em que passou mal a noite e tem um arzinho cinzento, indisposto. Outros, quando o vento o agita, fica com umas ondinhas de espuma. Quando sente o sol, sai-lhe um azul de dentro que aquece o céu. E certas alturas, meio distraído, fica de prata tão brilhante e claro que se confunde com o ar.

o grande mistura e fim

Estava a menina assim toda contente, quando chegou a casa e ouviu um grande burburinho.

Uns **BZZZZZZ**, troinc, mais **BZZZZZZ**, e ais, e uis, e chega para lá.

O **Hípico** tropeçava na túnica, a *Senhora da Narrativa*, com o seu vestido azul, estava por terra, o **LÍRICO** gritava em cima de uma mesa.

As **Musas** andavam como doidas pela casa, riam, corriam, gemiam, saltitavam.

O **Senhor Dramático** dizia "que bela cena, que bela cena, digna de palco, sim, senhor!". O *Senhor Comédia* ria, ria, gargalhava, gargalhava, feliz, felicíssimo. O *Senhor Tragédia* gritava que era tudo culpa do destino e chamava muito alto os membros do coro da tragédia grega. Uma boa tragédia era já ele sozinho, quanto mais com gente a cantar com ele, concluiu a menina.

A mãe perguntava "peixinho cozido e couves para o jantar?" Foi aí que viu o tronco malandro, com braços e pernas meio escangalhados, a enfiar-se pelo meio de todos, a bater nas cabeças com um risinho perverso e a declarar com voz de madeira que, se de pequenos não se fazem travessuras, de grandes só loucuras.

— *Esta é a minha história* — dizia —, a do tronco que não quer nem ser boneco nem menino, porque é como pedaço de madeira que faço a todos perder o tino. Isto é que é um juízo muito fino. Meto-vos a todos no baú e dou-vos um pontapé no...!

"Para!!!", gritaram todos. *"Não paro nada!"*, gritou o tronco de volta. "Estes senhores todos misturados fazem textos bem divertidos!"

Nesse momento, a menina só viu uma solução: agarrou num papel e numa caneta e escreveu "Quando o tronco já tinha chateado bem-bem os senhores da escrita, ficou muito cansado, pediu desculpas a todos, prometeu portar-se bem, com juras e coisas assim, adormeceu e, por pouco, não acabou na fogueira. Foram-se todos embora, a mãe deu o jantar à filha, viram televisão e a menina, antes de dormir, disse à mãe que gostava dela como se ela fosse uma pétala rosa no meio de uma multidão de pétalas brancas. Fechou os olhos e tomou uma última decisão: vou ter cuidado com os troncos, porque pode dar-se o caso de serem irmãos do Pinóquio. *Fim.*"

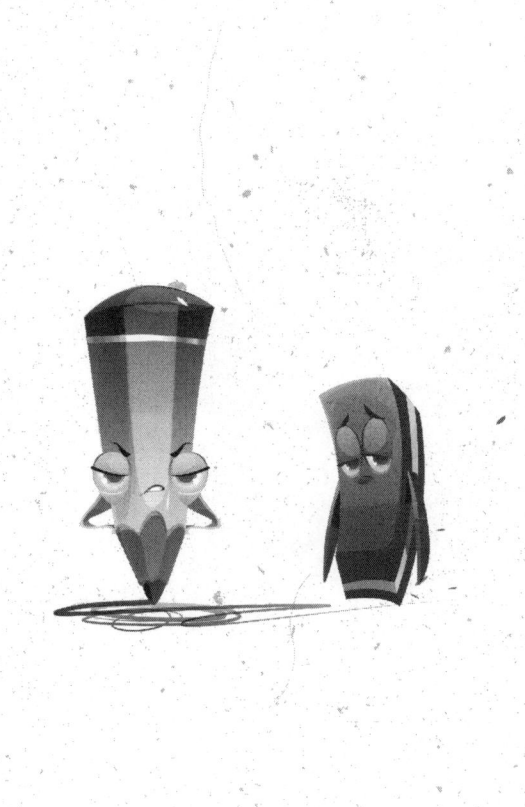

glossário

Não gosto de escrever

PORTUGUÊS EUROPEU	→	PORTUGUÊS BRASILEIRO
Género	→	Gênero
Sitio	→	Lugar
Embaraço	→	Mico
De certeza	→	Com certeza
Telenovela	→	Novela
Apetecer	→	Gostar/Desejar
Sénior	→	Sênior
Manicómio	→	Manicômio
Rapariga	→	Garota/Menina
Facto	→	Fato
Num(a)	→	Em um(a)
Anda cá	→	Vem aqui/Venha cá
Borbulhas	→	Espinhas
Gelado	→	Sorvete
Escusar	→	Dispensar
Metro	→	Metrô
Fartar-se	→	Encher-se/Cansar-se
Giro	→	Bonito/Legal
Apanhar	→	Pegar
Trocista	→	Zombeteiro
Um bocado	→	Um pouco
Demasiado	→	Demais
Perceber	→	Entender
Escangalhados	→	Atrapalhado
Emproado	→	Pretensioso
Caracóis	→	Cachos (de cabelo)
Maquilhagem	→	Maquiagem
Paragem	→	Parada (de ônibus, por exemplo)
Espetadores	→	Espectadores